用手机，有规矩

质子先锋 著

刘宇婷 绘

CNS 湖南少年儿童出版社 · 长沙
HUNAN JUVENILE & CHILDREN'S PUBLISHING HOUSE

前言

　　随着科技的不断发展，手机正逐渐成为我们日常生活中的重要用品。作为便捷的通信工具的同时，手机也正在不断被开发出其他丰富多彩的功能，让我们的工作和生活越来越离不开它。

　　对于很多孩子来说，手机更是乐趣无穷的玩具，让他们沉迷其中，不可自拔。

手机，正在成为一个牢笼，禁锢着我们的孩子，隔绝着他们与真实世界的联系。

　　如何才能解救我们的孩子呢？

　　看完本书，或许你能够得到答案。

人物介绍

东东爸爸

东东

东东妈妈

目录

一 如果玩手机没节制

1. 为什么越看越模糊了？ / 02
2. 没完没了的健康危机 / 06
3. 难以忍受的颜值滑坡 / 09
4. 被荒废的最强大脑 / 11
5. 逐渐消失的小伙伴 / 14
6. 渐行渐远的亲情 / 18
7. 我怎么变成了这样子？ / 23
8. 当心，屏幕背后的黑手！ / 26

二 讲道理不如立规矩

1. 是帮手，还是毒药？ / 30
2. 我与手机的距离 / 34
3. 我们一起定规矩 / 37
4. 手机也要守规矩 / 40
5. 常念叨不如做榜样 / 43

三 使用手机，安全第一

1. 日常使用要牢记 / 45

2. 别让手机变手雷 / 48

3. 上网冲浪有风险 / 50

4. 个人隐私要保密 / 53

5. 网络交友须谨慎 / 56

6. 向网络暴力说"不" / 59

四 放下手机，重拾童趣

1. 逐渐离谱的打开方式 / 63

2. 真的游戏，真的香！ / 70

3. 开发更多的乐趣 / 72

4. 鼓励社交 / 74

5. 有温度的陪伴 / 77

6. 有质感的沟通 / 80

7. 数字断食，水到渠成 / 84

如果玩手机没节制

1. 为什么越看越模糊了？

视疲劳

头晕，想吐
这是为什么？

长时间看手机，会导致眼睛充血，然后会感觉到眼睛发胀、头疼、恶心，有的时候甚至会出现呕吐的现象，这些都属于因为用眼过度，从而引发的视觉疲劳的症状。

研究数据表明，1分钟眨眼15—20次，可以促进泪腺分泌泪液，使结膜、角膜处于湿润、舒适的状态。而孩子在看手机时，眨眼的次数为1分钟7次左右，容易造成干眼症，甚至引发眼结石。

干眼

长时间看手机，孩子专注于屏幕上的文字、视频或者游戏，眼睛会不由自主地距离手机越来越近，从而诱发近视。

我怎么越看越模糊了？

近视

孩子连续看 20 分钟手机，视力就会平均下降到 40 多度的近视状态。

有的手机屏幕还会产生蓝光，如果蓝光的接收量太多，就会对视网膜产生影响，损害黄斑的功能，造成视力障碍。

一 如果玩手机没节制

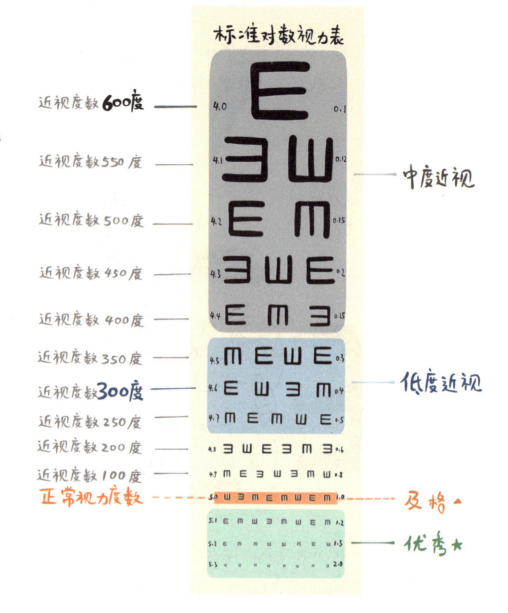

近视度数**600度** —— 中度近视

近视度数550度 ——

近视度数500度 ——

近视度数450度 ——

近视度数400度 ——

近视度数350度 ——

近视度数**300度** —— 低度近视

近视度数250度 ——

近视度数200度 ——

近视度数100度 ——

正常视力度数 —— — — — — — — — 及格▲

优秀★

一般情况下，3 岁儿童视力可达 4.7 以上，4 岁儿童视力可达 4.8 以上，5 岁儿童视力可达 4.9 以上，6 岁以上儿童视力低于 5.0 为视力不良。

不同职业的视力要求

航海驾驶员裸眼视力要求5.0以上。

飞行员裸眼视力要求5.0以上。

宇航员裸眼视力要求5.0以上。

2. 没完没了的健康危机

头痛

乏力

失眠

长时间接触手机，手机辐射容易引发各种健康问题。

过敏

手机使用时间过久，金属元素在手机外壳上积累，容易引起皮肤过敏。

颈椎病

脑袋的平均质量大约为5千克。

| 0度角 | 15度角 | 30度角 | 45度角 | 60度角 |
| 5kg | 12kg | 18kg | 22kg | 27kg |

可是，专业研究指出，如果低头达到60度角，你的颈椎负重将有可能达到27千克！

因此，如果长时间低头玩手机，容易导致颈椎第二节椎体变形，造成颈椎问题。

听力损伤

马什么梅？

手机会对听力造成一定损害，尤其是经常佩戴耳机，用手机打游戏、看电影、听音乐。

细菌

经相关检测，手机上每平方厘米"驻扎"了12万个细菌。照这样推算，一部手机有上千万个细菌。

3. 难以忍受的颜值滑坡

玩手机会降低颜值？我才不信呢！

脱发

> 长期接触手机，尤其是熬夜使用手机，更容易导致脱发。

皮肤损伤

> 与此同时，也容易出现各种皮肤问题，如长斑点、痘痘等。

乌龟脖

长时间低头看手机，会导致头部前屈，容易引起颈椎反弓，增大下位颈椎的应力，加速颈椎退变。

嘿

我不要变丑！！！！

4. 被荒废的最强大脑

学习拖沓

到家都这么久了，怎么还不去写作业？

再玩一会儿马上就去……

沉迷于玩手机，不仅仅会让孩子不再专注于学习，变得拖沓、低效，还有可能会带来一系列不良影响。

放松一下，待会儿再复习……

注意力分散

记忆力衰退

相比课本，从手机上获取知识似乎更加便捷，结果反而会让孩子的记忆能力缺乏锻炼。

再加上使用手机时间过长还会影响睡眠质量，更会进一步削弱孩子的记忆力。

智力水平下降

研究发现，如果每天使用电子设备超过 2 个小时，孩子们的阅读能力、语言能力以及认知能力会有明显降低。

想象力与创造力受限

频繁使用手机，会让孩子对网络与手机产生依赖性，思维方式受到束缚。久而久之，他们的想象力和创造力也有可能会因此而被局限。

5. 逐渐消失的小伙伴

网络上口若悬河

> 这个是不是很好笑？
> 是呀，是呀，我觉得你讲话特别有意思😀
> 一般一般，世界第三😎

沉浸于虚拟世界的孩子，其实内心世界极为丰富。

现实中哑口无言

可是，依赖于各种网络社交手段的他们，却会逐渐荒废在现实中社交的能力。

玩游戏豪气干云

冲啊！

也逐步失去了在现实生活中表达和展现自己的勇气。

学习时畏首畏尾

哪位同学来回答一下这个问题？

沉浸于虚拟世界

过来一起玩吧!

不理就不理呗，他老这样，我们也别管他了。

他怎么不理我们?

与此同时，沉迷于手机屏幕，孩子们会更容易忽略来自现实世界的声音。

畏惧面对面交流

长此以往，也会逐渐失去与外界交流的信心。

抵触在现实中社交

久而久之，逃避与抵触在现实中社交的情绪逐渐滋生。

6. 渐行渐远的亲情

共处时间减少

沉迷手机之前

沉迷手机之后

互动频率降低

沉迷手机之前

沉迷手机之后

缺乏日常沟通

沉迷手机之前

沉迷手机之后

沉迷手机之前

沉迷手机之后

血缘关系淡漠

沉迷手机之前

沉迷手机之后

7. 我怎么变成了这样子？

无意识刷手机

离开手机就心慌

沉迷手机后的各种后遗症，哪一个会是你？

8. 当心，屏幕背后的黑手！

如果一边刷手机一边吃东西，容易在无意识状态下吃更多的食物，从而导致肥胖。

肥胖危机

网络暴力

泄露隐私

又有新游戏可以玩了！

请注明个人信息……

遭遇骗局

虚假兼职

网友见面

出国旅游

一 如果玩手机没节制

财产损失

木马窃取

游戏道具

开通会员

流氓软件

点击链接

不要怕，只要使用得当，手机也是我们的好朋友。

吓死我了！

二 讲道理不如立规矩

1. 是帮手，还是毒药？

东东，你仔细想一下，在平时手机是不是帮了我们很多忙呢？

既然玩手机那么多危害，为什么还要说手机是我们的好帮手呢？

是真的呢，手机帮了我们好多忙！

让孩子完全无视手机是不现实的，倒不如试着让孩子了解手机的正面功能以及最佳用途究竟是什么。

通信功能

拍照录像

咔嚓

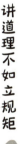

网络购物

导航定位

工作学习

游戏娱乐

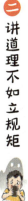

2. 我与手机的距离

你回想一下，每天你使用手机的时间跟想拿手机的次数。

使用手机十分钟，就加上一分，想拿手机一次，也加上一分，最后统计总分。

东东·手机	相处时间	想起次数
星期一		
星期二		
星期三		
星期四		
星期五		
星期六		
星期日		
合计		

别忘了妈妈哟……

我算好了，是 **215** 分！

那你换成跟爸爸单独相处的时间以及想起爸爸的次数，再算一遍试试。

妈妈没白疼你！

我又算好了，妈妈**222**分爸爸**59**分……

你确定？要不要再算一次……

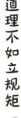

这下你知道要怎么保持跟手机的距离了吧？

我没有一个朋友的得分超过100分……

59分怎么可能只有59分……

3. 我们一起定规矩

共同参与

东东，如果爸爸妈妈因为工作需要使用手机，是不是可以灵活处理？

没问题，但是在家要控制，在外要自觉……

从"你要……"变成了"我们一起……"，孩子的感受以及主观能动性是截然不同的。

不影响学业是前提

爸爸，我的作业已经写完了，明天的功课也预习了，你检查一下吧……

二 讲道理不如立规矩

课外阅读跟体育锻炼时间也要保持一致哟……

🔍 控制孩子的手机使用时间，最重要的是让孩子感觉自己可以做到，继而严格执行，再循序渐进。

限定时间

妈妈，如果我周一到周四每天使用半个小时手机，周五使用一个小时手机，周六和周日每天使用两个小时手机，那么我一周使用手机的时间一共是七个小时，你觉得可以吗？

当然可以呀，只是每次使用手机的时间不能超过半个小时，间隔也不能少于一个小时哟。

使用姿势得正确

眼微闭

手拿远

身坐直

眼微闭：减小眼球暴露面积，减轻眼睛的干涩感。

身坐直：减轻脖子和肩颈承受的负荷。

手拿远：手机屏幕与眼睛的距离建议保持在 40—50 厘米，避免视疲劳。

用完手机要放松

4. 手机也要守规矩

这样也行？

我们遵守我们的规矩，手机也要遵守**手机的规矩**。

专属"机位"

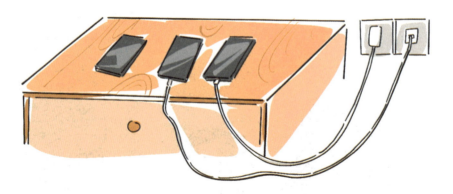

不使用手机时，所有手机都集中放在客厅内固定的地点。

减少提示

🔍 　关闭手机不必要的提示音和提示信息，收获更多宁静。

光明正大使用

妈妈，我作业写完了，想跟同学线上联机打游戏，请问可以吗？

当然可以呀。不过你要在客厅玩，记得不要太吵哟。

🔍 　主动告诉父母自己想用手机做什么，并且在客厅使用。

二 讲道理不如立规矩

按时关机

东东爸爸，记得睡觉之前把手机充电线都拔掉，千万不要通宵充电哦！

遵命，老婆大人！

晚安！

拒绝攀比

老婆大人，我可不可以换个新手机呀？我的同事都用上了最新款了。

手机只是个通信工具而已，只要基本的功能齐全，就没必要追求时髦了。

爸爸，盲目攀比可要不得哦！

5. 常念叨不如做榜样

手机使用规范

东东爸爸，
天天唠叨
不如做个榜样！
你是我们成功
的关键！

……

火车跑得快，
还靠车头带，
爸爸加油！

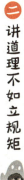

1. 日常使用要牢记

赶路不要看手机

因为低头玩手机而导致的各种意外事故层出不穷。

私密电话防窃听

使用电话讲述重要信息时，一定要注意观察周边环境，防止被窃听。

验证码要保密

爸爸妈妈，我收到了一个验证码！

您的短信验证码是******

收到验证码或者其他验证信息时，不要告知他人，第一时间告知爸爸妈妈，让他们来处理。

免费 Wi-Fi 不要蹭

天下没有白吃的午餐，账户密码给我通通拿来！

Wi-Fi 免费上网

不要随便连接来路不明的 Wi-Fi。

二维码千万别乱扫

2. 别让手机变手雷

一部充满电的手机，其电池内蕴含的能量几乎与手雷相当！

快跑！要爆炸了！

不要怕，不要怕，只要规范使用质量合格的手机，还是很安全的。

不要在充电时使用手机。

 不要把手机放在 过热 的环境中

 避免手机 受潮 或 进水

 切勿 长时间 给手机充电，
充电器也不要长期不拔

 充电时手机不要放在 易火燃物 上

三 使用手机，安全第一

3. 上网冲浪有风险

网络下载

不管是下载图片、文件还是软件，都要在爸爸妈妈的陪同下进行才可以。

嗯嗯!

当心病毒和木马，很危险的!

警告链接

另外，在上网时，如果遇到有警告提示，先不要点击，告诉爸爸妈妈，让爸爸妈妈来帮你判断。

风险提醒

取消复制   继续复制

您要访问的网站包含恶意软件

三、使用手机，安全第一

应用软件授权

4. 个人隐私要保密

照片上传

爸爸妈妈，我把刚才我们自拍的照片上传了，好多人点赞呢！

不要!!!

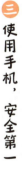

网络注册

除了照片上传，在上网时，如果要输入姓名、年龄、电话号码、身份证号、银行卡号这些信息，或者要付款，也一定要经过爸爸妈妈的同意。

电话号码
姓名
身份证号
银行卡号

联系地址

非常正确，东东真棒！

这个我知道，而且，还不能告诉陌生人自己的学校以及爸爸妈妈的工作单位！

更不能泄露重要的密码哟！

密码泄露

全都记下来，上网不踩坑！

没错，没错！在网上注册了账号后，设置密码时千万不要跟现实生活中的重要密码重复！

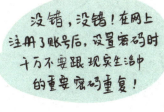

三 使用手机，安全第一

5.网络交友须谨慎

爸爸，请问可以给我转一百块钱吗？

东东，你需要钱干什么呀？

我一个网友说他妈妈生病了，家里没钱看病，所以我想帮帮他。

东东真是个善良的孩子。你看这样好不好？你问一下他家的地址和联系方式，我们去上门探望一下，或者快递一些补品给他妈妈，你觉得怎么样？

好嗨力!

爸爸，为什么他总是让我转钱，就是不肯告诉我电话跟地址呢？

东东，网络上陌生人的话可不要轻信哟。

东东，你可能碰到了一个 **骗子** 哦。

啊？

只跟真正的亲友聊天

东东，不要紧的，以后我们在网络上只跟现实中真正的亲人和朋友聊天，这样就不会被骗了。

不一定哦，他们也有可能会被盗取账号。如果我们的亲友在网络上向我们借钱，我们必须打电话确认才可以。

全部记下来，
再也不被骗！

6. 向网络暴力说"不"

四 放下手机，重拾童趣

1. 逐渐离谱的打开方式

引导孩子发掘手机的更多使用方式。

离谱指数：★　计算器

离谱指数：★★

东东，麻烦帮爸爸换到体育频道，球赛马上就要开始了！

好嘞！

东东，让扫地机器人扫一下客厅吧！

原来我才是真正的万能遥控器呀？

关灯

打开空调

打开窗帘

开始洗衣

万能遥控器
离谱指数：★★

化妆镜
离谱指数：★★★

我今天怎么这么美？

那是因为你忘了关掉美颜……

🔍 强调手机的工具属性。

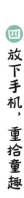
四 放下手机，重拾童趣

卡拉OK

离谱指数：★★★

妈妈，爸爸再唱下去我就要跪了！

希望不要被邻居投诉扰民。

测距仪

离谱指数：★★★

东东果然又长高了！

短斤少两克星

离谱指数：★★★★

我的手机重量是350克，你这个秤明显偏重了！

打乒乓球

离谱指数：★★★★

让孩子发现，作为使用工具的手机，应该由我们来使用和约束，而不是我们被它所操控。

四 放下手机，重拾童趣

67

挡子弹 离谱指数：★★★★★

开什么国际玩笑！手机也能挡子弹吗？

在国外战乱地区，手机挡住子弹，救了士兵一命的故事，可不止发生过一次，其中不乏我们中国制造的手机。

哇，如果我的身上挂满手机，那岂不是刀枪不入了？我的称号应该是"手机侠"，还是"防弹侠"呢？

胡说八道！
手机挡子弹只是概率很低的偶然事件，并没有足够的科学依据。

归根究底，手机只是一件方便我们生活的工具。真正的强大，源于强健的体魄和丰富的知识；真正的快乐，来自亲人和朋友的陪伴。

2. 真的游戏，真的香！

3. 开发更多的乐趣

亲近自然

亲子阅读

运动的快乐

美食的诱惑

4. 鼓励社交

身体力行

1. 社交技能需要在现实生活中进行学习和实践；

2. 父母可以成为孩子的榜样，让他们见证并学习健康的人际关系是如何建立的。

1. 学会道歉，是一种了不起的社交智慧；

2. 如果父母勇于向孩子承认自己的错误，孩子对于道歉的理解会更为透彻。

创造条件

为孩子创造条件，让他们与更多的同龄人认识、一起玩耍，帮助提升社交能力，建立社会属性。

5. 有温度的陪伴

一家人一起吃饭时，晚餐不仅仅是用餐，还是家人难得的交流时间。

仪式感和小惊喜

6. 有质感的沟通

不以学习开启沟通

如果父母一开口就谈学习，很容易引起孩子的误会，以为父母关心的只有自己的学习，继而逐渐关闭与父母沟通的窗口，甚至产生逆反心理。

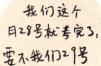

我们这个月28号就考完了，要不我们2号就出发吧！

东东，你觉得暑假我们去哪里玩？什么时候出发比较好？

爸爸，我这次争取考好一点，能不能多玩几天？

夸奖无需限量

今天隔壁的张阿姨又在夸咱们家东东，说他讲礼貌学习好，长大以后肯定是个帅小伙！

我也是这么认为的，毕竟要看是谁的孩子嘛！

夸张了夸张了，我哪有这么好……

四 放下手机，重拾童趣

鼓励比指责更有效

拥抱不必矜持

专注是基本的尊重

父母教育孩子的最好方式还是面对面交流，并且需要全神专注，通过眼神交流，感受彼此之间的信任与关爱。

家庭决策，你我有责

让孩子参与家庭决策，让孩子感到自己被认同、被肯定、被尊重，更有归属感与责任感。

7. 数字断食，水到渠成

爸爸妈妈，今天我们去哪里？

天气这么好，当然去爬山啦。

老规矩，数字断食一天，你要把手机留在家里哦。

放心吧！我早就不依赖它了。

四 放下手机，重拾童趣

图书在版编目（CIP）数据

用手机，有规矩 / 质子先锋著.刘宇婷绘. — 长沙：
湖南少年儿童出版社，2024.6
ISBN 978-7-5562-7598-4

Ⅰ.①用… Ⅱ.①质… ②刘… Ⅲ.①家庭教育 Ⅳ.①G78

中国国家版本馆CIP数据核字(2024)第087404号

用手机，有规矩
YONG SHOUJI，YOU GUIJU

出 版 人：刘星保	总 策 划：胡隽宓
项目策划：吴华山	策划编辑：周 霞
责任编辑：罗钢军	封面设计：进 子
插画统筹：兔子洞插画工作室	版式设计：嘉伟文化
营销编辑：罗钢军	质量总监：阳 梅

出版发行：湖南少年儿童出版社
地 址：湖南省长沙市晚报大道89号　　邮 编：410016
电 话：0731-82196320

常年法律顾问：湖南崇民律师事务所　柳成柱律师
印 刷：长沙新湘诚印刷有限公司
印 张：5.75
开 本：710 mm×1000 mm 1/16
版 次：2024年6月第1版　　印 次：2024年6月第1次印刷
书 号：ISBN 978-7-5562-7598-4
定 价：29.80元